WILLIAM CROOKES

DISCOURS RÉCENTS

SUR LES

RECHERCHES PSYCHIQUES

Traduits par M. SAGE

Prix : 0 fr. 60

PARIS

P.-G. LEYMARIE, ÉDITEUR

42, RUE SAINT-JACQUES, 42

—

1903

WILLIAM CROOKES

DISCOURS RÉCENTS

SUR LES

RECHERCHES PSYCHIQUES

Traduits par M. SAGE

Prix : 0 fr. 60

PARIS

P.-G. LEYMARIE, ÉDITEUR

42, RUE SAINT-JACQUES, 42

—

1903

DISCOURS RÉCENTS

SUR LES

RECHERCHES PSYCHIQUES

INTRODUCTION

Je n'ai pas l'outrecuidance de vouloir présenter
Sir William Crookes aux lecteurs. Il est l'un de nos
contemporains les plus connus, et les plus dignes
de l'être, du monde improprement qualifié de civi-
lisé, comme si notre planète avait déjà porté quelque part une civilisation. En tout cas, William
Crookes est l'un de ces hommes, de ces Envoyés
peut-être, qui débroussaillent un peu le terrain où
pousseront plus tard des civilisations.

Je veux néanmoins dire deux mots de son rôle
dans les recherches psychiques, pour ceux des lecteurs qui n'auraient plus ce rôle bien présent à la
mémoire. Vers 1870 le « moderne spiritualisme »,
éclos en Amérique, avait déjà depuis un certain
temps franchi l'Atlantique et les phénomènes dont
il se prévaut intriguaient fort en Angleterre, tour-
naient beaucoup de têtes, menaçaient des situations
acquises et partant suscitaient de grandes colères.
Les hommes de religion anathématisaient, sans
grande confiance du reste, et tout le monde, comme
encore aujourd'hui, se tournait vers la Science, non
pour rechercher la vérité quelle qu'elle puisse être,

mais pour étouffer dans l'œuf cette « nouvelle et dangereuse superstition » : en général les vieilles superstitions n'aiment pas les jeunes. La Société Dialectique partit donc en guerre et ouvrit une enquête qui tourna mal pour les adversaires du psychisme naissant. Le public qui avait demandé cette enquête n'en voulut pas accepter les conclusions. Au-dessus des autres savants anglais s'élevait déjà la figure de Crookes, jeune encore. On avait en lui toute confiance : l'opinion le priait de dissiper le cauchemar. On s'en tiendrait à son jugement. Crookes pour son repos eut tort de le croire et, avec une indépendance d'esprit trop rare, il commença ses expériences fameuses avec Daniel Dunglas Home ; puis il lui fut donné d'observer de très près des phénomènes plus surprenants encore, se produisant par l'intermédiaire de Miss Cook, qui plus tard, devenue Mrs Corner, s'est acquis malheureusement une renommée fâcheuse par ses fraudes évidentes et grossières. Ceux qui ne connaissent pas ces travaux en trouveront, chez Leymarie, les comptes rendus traduits de l'anglais et réunis en un volume sous le titre de *Force psychique*.

Nous sommes tous exposés à nous tromper. Ceux qui en doutent, ne sont pas ceux qui, sur la route infinie de l'évolution, ont pris sur les autres une certaine avance. Malgré les précautions minutieuses dont il s'entoura, Crookes n'a donc jamais prétendu qu'il avait été absolument infaillible en cette circonstance. Mais nul n'a pu lui montrer d'une façon certaine où et comment il s'était trompé, en dépit de la rage avec laquelle on a de tous côtés épluché ses expériences. Il s'en est donc tenu à son opinion première, comme il nous le dira lui-même, dans l'un des discours qui suivent. Mais, fort judicieusement, il a dédaigné les attaques « Si j'avais voulu répondre aux critiques, écrivait-il récemment à M. Falcomer, un spirite italien, mon temps tout entier depuis trente ans y aurait passé. J'avais mieux à faire. »

En tout cas, il y a chez cet homme quelque chose de plus beau, de plus admirable que sa lumineuse intelligence, c'est sa superbe crânerie. « Ne pas parler de mes expériences psychiques, disait-il à Bristol devant le Congrès de l'Association Britannique pour l'avancement des Sciences, ce serait lâche, et je ne me sens pas disposé à la lâcheté. » Toute sa vie il a pensé et agi de même. Cette conduite contraste singulièrement avec la veulerie ambiante ; tant de gens n'osent pas formuler une opinion, parce qu'ils ont peur que leur portière ou leurs petits amis ne veuillent pas la partager ou parce qu'ils ont peur de manquer un joli petit poste, en vue et profitable, qu'ils ambitionnent.

Que voulez-vous, malgré toutes nos prétentions, nous ne sommes encore que des larves d'hommes. Comment s'étonner après cela que nous ignorions notre destinée finale? Nous en enquérir sérieusement ne nous inspire que de l'ennui. Mettez ce problème sur le tapis, quatre-vingt-dix-neuf sur cent de nos contemporains bâilleront. Le dernier scandale ou la dernière coquinerie, voire la dernière coupe des pantalons ou la dernière orgie, voilà qui est autrement palpitant d'intérêt ! Imbéciles que nous sommes !

Les spirites ont abusé du grand nom de Crookes, comme ils ont abusé du nom de tous les vrais savants, qui n'ont pas dédaigné de constater par eux-mêmes la réalité des phénomènes psychiques. Mais que pouvait-il y faire ? En tout cas, il ne les a jamais encouragés dans la création de leurs chimères ébouriffantes.

Beaucoup de spirites sont de grands enfants qui veulent tout comprendre dans l'Univers et tout de suite, et qui, tout comme les enfants, acceptent la première explication venue.

Les catholiques ont une prière un peu plus abêtissante que les autres de leur cru, la litanie : *Sainte Gudule, priez pour nous; saint Ursulin, priez pour nous*, etc., etc., pendant des heures. Les spirites pourraient avoir l'analogue ; ils y viendront peut-être : *Savant Crookes, prouvez pour nous ; savant Zœllner, prouvez pour nous*, etc., etc. Les arguments exclusivement fondés sur l'autorité des hommes sont bons pour la théologie, non pour la science. Les expériences psychiques des Crookes, des Zœllner et des autres doivent être pour nous une présomption de vérité, pas autre chose. Cherchons à notre tour.

N'oublions jamais que, dès le début, le psychisme se partagea en deux grands courants. D'abord il y eut le courant religieux, celui des esprits jeunes, prenant leurs désirs pour des réalités, ne pouvant pas admettre un instant que quelque chose dans l'Univers leur demeure inexpliqué, le courant où l'on voit dans un congrès l'existence de Dieu à la pluralité des voix. Le deuxième courant fut celui des savants, des esprits mûrs, celui de la Société Dialectique, des Crookes, des Gurney, des Myers, de la Société pour les Recherches psychiques, etc., etc. Ce deuxième courant va devenir le fleuve large et majestueux de la science de demain ; le premier retournera où il a pris en grande partie sa source, aux vieilles mythologies.

Les pontifes de la science d'aujourd'hui, pour la plupart, ne feront rien pour le psychisme, qu'ils ne peuvent même pas comprendre. Mais le monde ne se renouvelle pas par eux. Le monde se renouvelle comme les herbes dans les champs, par moissons successives ; les moissons se suivent sans se ressembler toujours. Ayons donc bon espoir. La caravane passe malgré les aboiements des chiens, disent les Arabes.

M. SAGE.

DISCOURS

Prononcé devant la Société pour les Recher-
ches psychiques, le 29 janvier 1897, par sir
William Crookes, président (1).

La tâche que je suis appelé à remplir aujour-
d'hui n'est, à mon avis, en aucune façon aisée ni
de pure forme. J'ai conscience qu'une grande res-
ponsabilité pèse sur moi en prononçant un discours, avec l'autorité que confère le titre de président, sur une science qui, bien que débutant à
peine, me semble pour le moins aussi importante
que n'importe quelle autre science. Les recherches psychiques, telles que nous essayons de les
comprendre ici, sont l'embryon de quelque chose
qui peut arriver avec le temps à dominer le monde
entier de la pensée. Cette possibilité — je dirai
mieux, cette probabilité — n'est pas de nature à
rendre plus aisée ma tâche présente. Le développement d'un embryon peut être à la fois rapide et
plein d'intérêt : l'homme prudent n'en hésitera
pas moins à bâtir des théories en présence de
l'œuf avant d'avoir vu le poussin.

Je voudrais néanmoins, si je le puis, dire un
mot d'encouragement. Et je me demande de quelle

(1) Ces discours ont été traduits avec l'autorisation
spéciale de sir William Crookes et de la Société pour
les Recherches psychiques.

sorte il doit être. Existe-t-il une connexité entre les problèmes psychiques qui m'intéressent depuis longtemps et les travaux originaux qu'il a pu m'être donné de faire en d'autres branches de la science ?

Je crois que cette connexité existe et la voici. De toutes les qualités qui m'ont aidé dans mes recherches psychiques et qui ont favorisé mes découvertes d'ordre physique — découvertes parfois bien inattendues — la plus précieuse a été tout bonnement ma conviction, ma conviction intime et bien ancrée, si je puis ainsi dire, de ma propre ignorance.

La plupart de ceux qui étudient la nature en viennent tôt ou tard à négliger entièrement une large part de leur prétendu capital de connaissances, parce qu'ils s'aperçoivent que ce capital est purement illusoire. Quand nous examinons de plus près certaines conséquences familières des phénomènes, nous commençons à nous rendre compte à quel point ces conséquences ou ces lois, comme nous les appelons, sont circonscrites par d'autres lois, dont nous n'avons pas la moindre idée. Chez moi cet abandon d'un capital illusoire est allé très loin ; la toile d'araignée du faux savoir s'est ratatinée, selon l'expression d'un auteur, au point de ne former qu'un globule presque imperceptible.

Je ne suis pas disposé à me lamenter sur les limitations que nous impose l'humaine ignorance. Bien au contraire, je considère l'ignorance comme un stimulant salutaire ; j'ai la conviction bien ferme que ni moi ni aucun autre ne pouvons déterminer à l'avance ce qui n'existe pas dans l'Univers, que ni moi ni aucun autre ne pouvons dire si telle chose ne se passe pas autour de nous chaque jour de notre vie ; et cette conviction me laisse l'espérance très réconfortante qu'une découverte entièrement nouvelle et capitale peut surgir quelque part au moment où on y pense le moins.

C'est cet état d'un esprit parfaitement libre qui me mit sur le chemin de M. D. D. Home et me permit d'entrevoir quelques lois importantes de la Matière et de l'Énergie, dont beaucoup parmi les physiciens mes collègues aiment mieux encore aujourd'hui n'avoir aucune connaissance — du moins, je le crains. C'est ce même état d'âme qui me fait suivre les travaux de la Société pour les Recherches psychiques avec un intérêt qui, bien qu'un peu calmé par la vieillesse qui avance et par la persuasion qu'inévitablement les découvertes se succèdent lentement, est pourtant un des sentiments les plus profonds que la vie ait laissés en moi. Je vais essayer aujourd'hui d'utiliser cet état d'âme pour balayer, autant que je pourrai le faire, certaines idées préconçues adoptées dans un camp ou dans l'autre ; ces idées me semblent provenir de ce qu'on estime bien au-dessus de leur valeur nos connaissances vraies sur l'Univers.

Je vais commencer par le plus important et je m'adresserai tout d'abord à ceux qui comme moi croient que l'individualité humaine survit à la mort. Je veux signaler une illusion curieuse, invétérée et très répandue, qui consiste à se représenter notre forme actuelle comme étant en quelque façon la forme type de l'humanité, de sorte que s'il existe des corps éthérés, ces corps doivent correspondre exactement en forme et en volume à nos corps physiques.

Quand nous examinons au point de vue physique une créature humaine arrivée à son plus haut degré de développement, nous voyons qu'elle con-

1.

siste essentiellement en un cerveau pensant ; le
cerveau lui-même, bien qu'il ait des fonctions
nombreuses, est en somme un organe transfor-
mateur, au moyen duquel une volonté intelligente
peut agir sur la matière. Pour communiquer avec
le monde extérieur, le cerveau a besoin d'abord
d'organes qui le transportent d'un lieu dans un
autre, puis d'autres organes fournissant de l'énergie, afin de remplacer celle que ce même cerveau
dépense dans l'exercice de ses fonctions spéciales.
En outre, il faut réparer l'usure des tissus ; de là la
nécessité des organes de la digestion, de l'assimi-
lation, de la circulation, de la respiration, etc.,
sans lesquels ces fonctions ne sauraient s'accom-
plir efficacement. Et quand nous réfléchissons que
cet organe si complexe qu'est un cerveau peut
travailler activement pendant la plus grande partie d'un siècle, un étonnement nous saisit à le
voir capable de conserver l'accord pendant si
longtemps.

L'être humain représente la machine à penser
et à travailler la plus parfaite qui ait évolué
jusqu'à présent sur notre Terre ; elle s'est développée pendant des âges innombrables en harmonie stricte avec les conditions ambiantes, dues à
la température, à l'atmosphère, à la lumière, à
la pesanteur. Il est étrange de voir combien on
néglige d'envisager les modifications profondes
qu'amènerait dans notre forme un changement
de quelque importance dans l'un quelconque des
facteurs que je viens d'énumérer. A vrai dire on
s'est bien demandé quels seraient les effets de
changements dans la température ou dans la com-
position atmosphérique ; mais presque personne
n'a porté son attention sur des variations possibles dans la pesanteur. Le corps humain qu'une

longue expérience et une longue habitude nous ont
habitués à considérer, à son plus haut degré de
développement, comme la perfection dans la beauté
et dans la grâce — comme « façonné à l'image de
Dieu » — est entièrement conditionné, quant à sa
forme, par l'intensité de la gravitation sur notre
globe. Autant qu'il est possible de s'en rendre
compte, cette intensité n'a pas varié sensiblement
pendant les périodes géologiques qui ont vu l'existence d'êtres animés et pensants. C'est pourquoi
la race humaine, pendant toute la durée de son
évolution, s'est développée en s'adaptant et en se
soumettant strictement à cette force prépondé-
rante, à tel point qu'il est difficile de concevoir
un écart vraiment sensible hors des limites étroites imposées aux proportions de la forme humaine.

En premier lieu je veux examiner quel changement d'aspect produirait en nous un changement
dans la pesanteur. Prenons des cas extrêmes.
Supposons l'intensité de la pesanteur doublée. Il
nous faudrait une force bien plus considérable
pour nous maintenir dans n'importe quelle position autre que la position qui consiste à se cou-
cher sur le ventre ou sur le dos ; il nous serait
difficile de nous redresser, de courir, de sauter,
de grimper, de traîner ou de porter des fardeaux.
Nos muscles devraient de toute nécessité être
plus puissants, et le squelette sur lequel ils s'at-
tachent devrait subir des modifications corres-
pondantes. Pour se servir de membres pareils, il
faudrait une transformation de la matière plus
rapide ; il faudrait aussi plus de nourriture, ce
qui supposerait des organes digestifs plus vastes
et un appareil respiratoire plus grand, afin de
permettre à la masse du sang, augmentée en proportion, de s'aérer parfaitement. Pour que la

circulation pût continuer avec la force nécessaire,
le cœur devrait être plus puissant ou la distance
à laquelle il serait appelé à refouler le sang
devrait diminuer. Plus de nourriture étant indis-
pensable, les difficultés de se la procurer augmen-
teraient en proportion et la lutte pour l'existence
deviendrait plus âpre. Nos mâchoires devant
broyer plus d'aliments croîtraient en dimensions
et en puissance ; les dents, à leur tour, auraient à
s'adapter à leur supplément de besogne.

Ces considérations impliquent des changements
notables dans la structure des êtres humains.
Pourvu d'un squelette plus épais, de muscles plus
volumineux, d'appareils respiratoire et digestif
plus vastes, le corps serait plus lourd, plus massif.
Le danger des chutes ayant augmenté rendrait
ces modifications dans notre structure plus néces-
saires encore. La nécessité de maintenir très bas
le centre de gravité et les grandes exigences des
autres parties de l'organisme, tout contribuerait
à réduire le volume de la tête et du cerveau. Si
l'intensité de la pesanteur augmentait, les bipèdes
rencontreraient bien des obstacles pour vivre ; en
admettant que la race humaine demeurât bipède,
très probablement les animaux à quatre, six ou
huit pieds domineraient. La majorité des animaux
serait du type des sauriens avec des jambes très
courtes, afin de permettre au tronc de reposer
commodément sur le sol ; le type du serpent
acquerrait aussi probablement plus d'importance.
Les animaux ailés souffriraient cruellement. Les
petits oiseaux et les insectes seraient entraînés
vers la terre par une force irrésistible ; toutefois,
l'air devenu plus dense rétablirait plus ou moins
l'équilibre en leur faveur. Les oiseaux-mouches,
les libellules, les papillons, les abeilles, qui passent

presque tout leur temps dans l'air, seraient de rares combattants dans la bataille pour l'existence. Partout la fécondation des plantes par l'intervention des insectes serait contrariée, ce qui amènerait l'extinction ou tout au moins la rareté extrême des plantes entomophiles, c'est-à-dire de toutes celles dont les fleurs sont les plus brillantes — triste résultat que nous vaudrait une simple augmentation de l'attraction terrestre.

Néanmoins, ne connaissant pas d'autre type, nous continuerions, — du moins il est permis de le supposer — à considérer la femme — malgré sa taille rabougrie, ses membres épais, ses larges pieds, son crâne tout petit se prolongeant par des mâchoires énormes — comme le type le plus parfait de la beauté !

L'attraction terrestre en diminuant entraînerait des changements non moins remarquables. Sans dépenser plus de force vitale qu'aujourd'hui, sans transformer plus de matière en énergie, nous soulèverions des fardeaux plus lourds, nous sauterions plus loin, nous pourrions nous mouvoir avec plus de rapidité, nous supporterions un effort musculaire prolongé avec moins de fatigue ; peut-être pourrions-nous voler. La transformation de matière nécessaire pour entretenir la chaleur animale, pour réparer les pertes d'énergie et l'usure des tissus serait plus petite qu'aujourd'hui pour une même somme de travail. Moins de sang, des poumons et un organe digestif plus petits nous suffiraient. Il s'ensuivrait toute une série de changements dans notre structure qui seraient juste l'opposé de ceux qui résultent d'une augmentation dans la force de la pesanteur. Toutes les parties de notre corps pourraient être sans inconvénient moins massives ; le squelette pourrait être plus léger, les muscles plus petits, le tronc plus élancé. Moins prononcées naturellement que je ne les suppose ici, ces modifications sont celles qui tendent aujourd'hui vers la beauté de la forme ; il est bien certain que notre sens esthétique continuerait à évoluer en harmonie avec des progrès nouveaux dans la voie de la grâce, de la sveltesse, de la symétrie et de la haute taille.

Il est curieux de remarquer que le vulgaire a précisément conçu les entités du mal et de la méchanceté sous les formes que produirait l'augmentation de la pesanteur, sous des formes de crapauds, de reptiles, de bêtes rampantes et dégoûtantes ; le prince des démons lui-même est représenté sous la dernière forme dont pourrait peut-être s'accommoder un cerveau pensant accompagné de son ensemble d'organes indispensables, si l'intensité de la pesanteur augmentait jusqu'aux limites extrêmes compatibles encore avec la vie : la forme d'un serpent rampant sur le sol. D'un autre côté les types de beauté les plus hauts sont justement ceux qui seraient communs si l'intensité de la pesanteur diminuait.

La « déesse à la noble stature » et le léger gymnaste nous plaisent justement à cause du triomphe insignifiant sur l'attraction terrestre que supposent la taille de la première et les sauts du second. A la vérité nous n'admirons pas comme nous le devrions la puce, dont le triomphe sur la pesanteur, quoique cet insecte n'ait pas d'ailes, est si étonnant. Quelque merveilleux qu'il soit, le corps de la puce est, comme le nôtre, strictement conditionné par la pesanteur.

Mais l'imagination populaire conçoit les êtres spirituels comme tout à fait indépendants de la pesanteur et ne leur conserve pas moins la forme et les proportions que détermina jadis la pesanteur et que la pesanteur seule peut vraisemblablement maintenir.

S'il existe des êtres spirituels, quand ces êtres se rendent visibles à notre regard physique ou à notre perception intérieure, le but qu'ils se proposent ne serait pas atteint s'ils n'apparaissaient sous une forme permettant de les reconnaître ; c'est pourquoi ils prendront la forme du corps et des vêtements auxquels nous sommes habitués. Je ne puis m'empêcher de croire que la Matière, la Forme, l'Espace ne sont que des conditions temporaires de la vie présente. Il est difficile de concevoir des êtres spirituels ayant un corps comme le nôtre, conditionné par l'attraction terrestre, avec des organes supposant le besoin de se nourrir et d'évacuer les matières usées. Il est tout aussi difficile, enfermés comme nous le sommes dans les idées du monde matériel, de concevoir l'Intelligence, la Pensée, la Volonté existant en dehors de la Forme et de la Matière comme en dehors des entraves de la pesanteur et de l'espace.

D'autres hommes de science ont eu à envisager ce problème avant moi. Dans certaines spéculations sur la nature de la matière, Faraday s'est servi d'un langage qui, avec très peu de changements, conviendrait à mes présentes conjectures. Ce profond philosophe se demandait quelle pouvait bien être la nature intime de la Matière ; réfléchissant sur les atomes de Lucrèce, infiniment petits, durs et impénétrables, ainsi que sur les forces ou formes de l'Energie qui leur appartiennent, il fut amené à rejeter totalement l'existence du noyau et à ne plus envisager que les forces ou formes de l'Energie qu'on associe

ordinairement à ce noyau. Il en vint à cette conclusion que non seulement les atomes peuvent de
toute nécessité se pénétrer mutuellement, mais
encore que chacun d'eux emplit l'Espace tout
entier, si je puis m'exprimer ainsi, tout en conservant toujours son centre individuel de force.

Cette manière de concevoir la constitution de
la matière que Faraday préférait à l'opinion cou-
rante est exactement la manière dont je me représente la constitution d'un être spirituel. Cet être
serait un centre d'intelligence, de volonté et
d'énergie pouvant pénétrer tous les autres, emplis-
sant en entier ce que nous appelons l'espace, tout
en conservant son individualité propre, la persis-
tance de son moi et sa propre mémoire. Maintenant
ces centres intelligents des diverses forces spiri-
rituelles qui, en s'additionnant, constituent le
caractère ou le karma (1) de l'homme, sont-ils
associés d'une manière quelconque avec les formes
de l'énergie qui, en se groupant autour d'un centre, forment l'atome matériel ; en d'autres termes, les entités spirituelles sont-elles matériel-
les, non pas dans le sens grossier où l'entendait
Lucrèce, mais dans le sens où l'entend la per-
çante intelligence d'un Faraday.

Voilà un de ces mystères qui demeureront peut-
être à tout jamais impénétrables pour nous autres
mortels.

La spéculation à laquelle je vais me livrer

(1) Mot sanscrit introduit en Occident surtout par
les théosophes. Il signifie la destinée de l'homme telle
qu'elle est déterminée à l'avance non par une force
extérieure à nous, mais par l'ensemble des traits de
notre caractère, traits développés ou acquis par l'évolution. Ce mot est utile, mais il est regrettable qu'on
soit allé le chercher si loin.

maintenant est plus difficile ; elle s'adresse à ceux qui non seulement conçoivent un monde invisible d'une manière trop terrestre, mais qui même nient la plausibilité — voire la possibilité — de l'existence de tout monde invisible. Je leur réponds : il est en tout cas un monde invisible, sur la frontière duquel nous sommes et dont l'existence peut se démontrer. Je ne parle pas d'un monde immatériel ou spirituel. Je parle du monde des infiniment petits qui doit encore être appelé un monde matériel, bien que la matière telle qu'elle y existe ou telle qu'elle y est perçue soit quelque chose que nos facultés limitées ne peuvent concevoir. C'est le monde — je ne dirai pas des forces moléculaires par opposition au monde des masses — mais le monde des forces dont l'action est en grande partie en dehors des limites de la perception humaine par opposition aux forces qui apparaissent nettement à la grossière perception de nos organismes. J'ai peine à bien concevoir et à bien vous faire concevoir les différences dans les prétendues lois de l'Univers que suffirait à entraîner une différence dans le volume de l'observateur. Je n'essaierai pas d'égaler en éclat le grand satirique qui, dans les *Voyages de Gulliver*, en posant comme postulat une différence dans la taille humaine bien moins grande que celle que je suppose, a montré la relativité, voire l'absurdité, de tant de détails de nos mœurs, de notre politique, de notre société. Mais je me sens encouragé par l'exemple de celui qui m'a précédé dans cette fonction de président, le professeur William James de l'Université de Harvard, dont je citerai plus loin une allégorie qui est précisément de la nature de celle dont j'ai besoin.

Donc il faut que vous supposiez avec moi, pour

un instant, l'existence d'un homoncule, autour duquel rouleront mes spéculations. Je ne le placerai pas vraiment au milieu de l'interaction des molécules, car je serais bien incapable d'imaginer son ambiance, mais je le ferai d'une taille si microscopique que les forces moléculaires qui ordinairement nous échappent — telles que la tension superficielle, la capillarité, les mouvements Browniens — deviennent pour lui prépondérantes au point qu'il a peine à croire, par exemple, à l'universalité de la pesanteur, que par hypothèse nous, ses créateurs, lui avons révélée.

Mettons-le sur une feuille de chou et abandonnons-le à lui-même.

La surface de la feuille de chou lui semble une plaine immense, de plusieurs lieues carrées. Pour cet être minuscule, la feuille est constellée de gros globes étincelants, transparents et immobiles ; chacun de ces globes est plus haut pour lui que les pyramides ne le sont pour nous ; chacun rayonne par une de ses faces une éblouissante lumière. Mû par la curiosité, notre homoncule s'approche, touche l'un de ces globes, et le trouve résistant à la pression comme une balle de caoutchouc. Accidentellement il déchire la surface ; aussitôt il se sent saisi et emporté dans un tourbillon, puis il se retrouve quelque part en équilibre, embarrassé dans la surface de la sphère et totalement incapable de se dépêtrer. Après une heure ou deux d'attente, il s'aperçoit que le globe diminue ; finalement celui-ci disparaît et voilà notre héros libre de continuer son voyage. Abandonnant la feuille de chou, il erre à la surface du sol, qui est pour lui tout hérissé de rochers et de montagnes; soudain il aperçoit en avant une vaste surface composée du même élément qui tout à

l'heure formait les globes de la feuille de chou.
Mais au lieu de s'élever comme tout à l'heure dans
les airs, voilà cet élément qui s'incline à partir
du bord en une immense courbure concave pour
paraître horizontal plus loin, quoique, vu la distance, notre homoncule ne puisse pas absolument
assurer que cette horizontalité n'est pas une illusion. Supposons maintenant que le petit être tienne
à la main un vaisseau ayant avec sa taille minuscule le même rapport qu'une bouteille d'un demi-
litre environ avec la taille d'un homme ordinaire ;
à force d'adresse il a réussi à le remplir d'eau.
S'il retourne le vase, il s'aperçoit que le liquide
ne s'écoule pas et qu'on ne peut le déloger qu'au
moyen de chocs violents. Épuisé par les efforts
qu'il a faits pour vider le vaisseau, il s'asseoit
sur le rivage et se distrait en jetant nonchalam-
ment des pierres et d'autres objets dans l'eau.
Ordinairement les pierres et les autres objets
s'enfoncent, s'ils étaient mouillés au préalable ;
s'ils étaient secs, ils refusent obstinément de
s'enfoncer et flottent à la surface.

Il essaie avec d'autres substances. Une barre
d'acier poli, un porte-crayon en argent, un fil de
platine, une plume d'acier, objets deux ou trois
fois plus denses que les pierres, refusent entièrement de s'enfoncer et flottent à la surface comme
autant de bouchons de liège. Bien mieux, s'il
arrive, aidé de ses amis, à jeter dans l'eau l'une
de ces énormes barres d'acier que nous appelons
des aiguilles, celle-ci se creuse à la surface une
sorte de lit concave et flotte tranquillement. Après
ces observations et d'autres encore, il bâtit des théories sur les propriétés de l'eau et des liquides en
général. En viendra-t-il à la conclusion que les
liquides tendent à reprendre leur niveau, qu'au

repos leurs surfaces sont horizontales et que les solides placés dans les liquides s'enfoncent ou flottent suivant leur plus ou moins grande densité? Pas du tout ; il sera au contraire fondé à soutenir qu'au repos les liquides prennent des formes sphériques ou tout au moins curvilignes, convexes ou concaves, suivant des circonstances qu'il n'est pas facile de déterminer ; qu'on ne peut les verser d'un vaisseau dans un autre ; qu'ils résistent à la pesanteur laquelle, par conséquent, n'est pas universelle ; que les corps solides qu'il peut manier ne s'enfoncent pas dans les liquides, quel que soit le poids spécifique de ces corps. D'après la manière dont se comportera un corps placé au contact d'une goutte de rosée, il aura même des raisons plausibles pour douter de l'inertie de la matière.

Déjà notre homoncule a été quelque peu intrigué par le bombardement capricieux et incessant d'objets très gênants, pareils à des valises volant dans les airs ; en effet la danse joyeuse des poussières qui peuplent les rayons de soleil manquera d'agrément pour notre microscopique héros qui ne saura comment les éviter.

Bien mieux, il lui semblera bientôt qu'on a exagéré jusqu'à l'absurde la difficulté qu'éprouvent à s'élever au-dessus du sol les êtres vivants dépourvus d'ailes ; car il apercevra une terrifiante créature, un béhémoth (1) « à la cuirasse cuivrée », bondissant à travers les airs, à la poursuite effrénée d'une proie et, pour la première fois, un hommage mérité sera rendu à la majesté de la vulgaire puce.

Troublé par ses incertitudes, le voilà qui regarde pendant la nuit dans un étang parfaite-

(1) Animal inconnu dont parle le livre de Job.

ment calme. Il n'y a pas la moindre brise, pas la moindre arrivée de chaleur qui puisse déterminer des courants et changer la tension de la surface ; de petits objets inanimés sont immergés et tranquilles. Sont-ils vraiment tranquilles ? Non ; en voici un qui bouge, puis un autre. Peu à peu cette conclusion s'impose à notre homoncule : toutes les fois qu'un objet est suffisamment petit, cet objet est toujours en mouvement. Peut-être notre héros sera-t-il plus capable que nous ne le sommes d'expliquer ces mouvements Browniens, ainsi qu'on les appelle ; il ne pourra peut-être pas s'empêcher de conjecturer qu'il entrevoit par eux vaguement la structure intime de la matière, que lesdits mouvements sont un restant, le dernier résultat de l'agitation moléculaire intérieure, agitation qui ne s'est pas encore éteinte tout à fait comme cela se passe pour les agrégats de matière moins microscopiques.

Notre homoncule rencontrerait sans doute des phénomènes plus troublants encore. Et ses interprétations si différentes des nôtres ne viendraient pas du tout de ce qu'il a conscience de forces dont nous n'avons pas de soupçon, encore moins de la disparition des lois présentement reconnues par nous, mais simplement de ce fait que par hypothèse sa taille est assez petite pour permettre à la capillarité, à la tension superficielle, etc., d'avoir pour lui une proéminence qu'elles n'ont pas pour nous. Pour les êtres raisonnables de notre taille, les effets de ces forces sont négligeables et n'ont attiré l'attention que du jour où la science a eu fait des progrès. Pour nos homoncules ces mêmes effets auraient une importance capitale ; ils ne verraient probablement pas que ces effets sont des manifestations dernières de la

force de gravitation et les attribueraient sans
doute à une force différente et peut-être antago-
niste.

La physique de nos homoncules différerait éton-
namment de la nôtre. Ils rencontreraient probablement d'insurmontables difficultés pour étudier
la chaleur. En effet on ne peut presque rien faire
dans cette branche à moins d'être capable d'élever
ou d'abaisser à volonté la température des corps.
Cela suppose qu'on est maître du feu. L'homme,
même à un degré rudimentaire de civilisation,
sait enflammer certaines matières par la friction,
la percussion ou par la concentration des rayons
du soleil; mais pour que ces opérations aboutissent
il faut agir sur une quantité considérable de
matière, sinon la chaleur produite se perd au fur
et à mesure par rayonnement et il est impossible
d'atteindre le point d'ignition.

Tout comme pour la physique il en irait de la
chimie pour nos lilliputiens, si toutefois il leur
était possible même de concevoir une science
pareille.

Les phénomènes fondamentaux qui ont orienté
tout d'abord l'humanité vers les recherches chimiques sont ceux de la combustion, voilà qui n'est
guère niable. Mais, nous venons de le voir, nos
êtres minuscules ne pourraient pas produire le
feu à volonté, sauf au moyen de certaines réac-
tions chimiques : ils auraient donc peu d'occasions
d'en examiner la nature.

Ils pourraient bien accidentellement être les
témoins d'incendies de forêts ou d'éruptions volca-
niques: mais des phénomènes aussi grandioses et
aussi désastreux, bien que propres à révéler à nos
lilliputiens l'existence de la combustion, ne s'ac-

commoderaient guère d'une recherche calme des causes et des résultats.

D'un autre côté, si nous nous souvenons de l'impossibilité où ils seraient de verser de l'eau d'une éprouvette dans une autre, nous comprendrons qu'ils devraient ignorer à tout jamais les opérations de l'analyse chimique et toutes les manipulations qui demandent l'emploi des ventouses.

Passons maintenant à l'extrême opposé et demandons-nous comment apparaîtrait la nature à des êtres humains d'une taille énorme. Leurs interprétations erronées seraient le contraire de celles de nos pygmées. L'action capillaire, la cohésion des liquides, la tension superficielle, la courbure des surfaces liquides près de leurs bords, la goutte de rosée, la manière de se comporter d'un corps minuscule sur un globule d'eau, les métaux flottant sur l'eau, ce seraient là tout autant de phénomènes ignorés d'eux. Pour l'homoncule, capable d'un effort mécanique faible, les corps seraient plus durs que pour nous, tandis que nos colosses ne seraient guère arrêtés même par les rochers de granit.

Il y aurait encore une autre différence remarquable entre ces êtres énormes et nous. Si nous nous baissons et prenons une pincée de terre entre le pouce et les autres doigts, en mouvant notre main avec une vitesse de quelques centimètres par seconde, nous n'éprouvons rien de particulier. La terre que nous tenons offre un peu de résistance, plus ou moins suivant son degré de cohésion, mais c'est tout.

Supposons la même action accomplie par un de nos géants capable de mouvoir sa main avec une vitesse de quelques kilomètres à la seconde, celui-ci éprouverait une réaction très prononcée. Cette masse de sable, de terre, de pierres et autres matériaux du même genre, lancée en quantité pareille et avec une pareille vitesse, atteindrait une température très haute. Notre homoncule ne pouvait pas atteindre le point d'ignition ; nos géants ne pourront pas se mouvoir sans amener le développement d'un degré de chaleur très incommode, qui rendra les objets positivement intenables. Notre géant attribuerait naturellement au granit et aux autres éléments constitutifs de la croûte terrestre la propriété que le phosphore a pour nous, celle d'entrer en ignition dès qu'on le manie un peu rudement.

Est-il nécessaire de poursuivre mon développement ? Non. Alors qu'une variation possible, voire très admissible, d'une seule des forces conditionnant la forme humaine, la force de la gravitation, pourrait modifier notre apparence extérieure et les proportions de notre corps au point de faire de nous une espèce d'êtres entièrement différente de celle que nous sommes ; alors qu'une différence dans notre taille suffirait à nous faire voir quelques-uns des faits les plus familiers de la physique et de la chimie sous un aspect si différent ; alors que des êtres microscopiques ou d'autres prodigieusement grands, par le fait seul de leur taille, seraient sujets aux fausses interprétations que j'ai signalées et à bien d'autres que je pourrais signaler, pourquoi nous-mêmes, bien que placés à ce qu'il nous semble dans un juste milieu, ne serions-nous pas par le fait seul de notre taille et de notre poids exposés à des interprétations erronées auxquelles nous échapperions si nous, ou le globe que nous habitons, nous étions plus grands ou plus petits, plus lourds ou plus légers? Notre savoir dont nous sommes si fiers peut parfaitement n'avoir de valeur que pour notre milieu ; il peut parfaitement y entrer une telle part de subjectivité que nous ne saurions même nous en faire une idée.

C'est ici que je vais introduire l'allégorie du professeur James, à laquelle j'ai fait allusion plus haut. Il s'agit d'altérations possibles dans le sens de la durée, dues à une différence dans la rapidité de la sensation éprouvée par un homme placé, par hypothèse, sur un degré plus élevé que nous de l'échelle des êtres.

« Rien ne s'oppose à ce que nous imaginions des êtres pouvant différer énormément de nous par la perception consciente des éléments de la durée, et par la ténuité des événements qui emplissent cette durée. Von Baer s'est complu dans des calculs très intéressants sur les changements qu'apporterait cette différence dans l'aspect de la nature. Supposez-nous capables, dans l'espace d'une seconde, de noter distinctement 10.000 événements au lieu de 10, comme aujourd'hui ; si notre vie ne devait contenir que le même nombre d'impressions, elle pourrait être mille fois plus courte. Nous vivrions moins d'un mois et, par expérience personnelle, ne saurions rien du changement des saisons. Si nous étions nés en hiver, nous croirions à l'été comme nous croyons maintenant aux chaleurs de la période carbonifère. Les mouvements des êtres organisés seraient si lents pour nos sens que nous ne les verrions pas et ne les connaîtrions que par induction. Le soleil demeurerait immobile dans les cieux, la lune n'aurait pas de phases et ainsi de suite. Renversons maintenant l'hypothèse et supposons un être n'ayant que la millième partie des sensations que nous avons dans un temps donné ; il vivrait en conséquence 1000 fois

plus longtemps que nous. Les étés et les hivers lui
sembleraient des quarts d'heure. Les champignons
et les autres plantes à croissance rapide surgiraient
si brusquement qu'elles lui apparaîtraient comme
des productions instantanées ; les plantes annuelles
s'élèveraient et tomberaient sans relâche, pareilles
aux bouillons d'une source minérale. Les mouvements des animaux seraient aussi invisibles pour
lui que le sont pour nous les mouvements des balles
et des boulets ; le soleil traverserait le ciel comme
un météore en laissant derrière lui une traînée de
flamme, etc. Qui nous dit que rien de pareil n'existe
dans le monde animal ? » (William James. *Prin-
cipes de psychologie,* vol. I, p. 639).

Permettez-moi de déduire de cette conception
l'impossibilité pour nous de soupçonner à l'avance
les secrets que contient l'Univers et les agents qui
peuvent être à l'œuvre autour de nous.

La télépathie, la transmission de la pensée et
des images directement d'un esprit à un autre
sans le concours des organes des sens, c'est là
une conception nouvelle, étrangère à la Science.
A juger d'après la lenteur relative avec laquelle
les preuves que notre Société a accumulées péné-
trent dans le monde scientifique, c'est même là,
je crois, une conception qui scientifiquement
répugne à beaucoup d'esprits. Nous avons même
fourni des preuves expérimentales frappantes ;
mais bien peu de savants ont daigné répéter nos
expériences. Nous avons réuni des monceaux
d'observations de cas spontanés, tels qu'appari-
tions au moment de la mort ; mais toutes ces
preuves n'ont pas produit sur le monde scientifique l'impression que des preuves bien moins soi-
gneusement réunies et bien moins cohérentes ont
produite en d'autres cas.

Non seulement on n'a pas réfuté nos preuves, on ne les a même pas examinées ; on n'en a tenu aucun compte comme s'il y avait *à priori* quelque grosse improbabilité qui dispensât le monde savant de les prendre en considération. Je ne vois pas quant à moi cette improbabilité *à priori*. Nos faits peuvent être vrais de toutes manières sans aller à l'encontre d'aucune vérité déjà reconnue. Je vais m'arrêter sur une manière possible de les expliquer, non pas que je la considère comme la clef de tous les phénomènes nouveaux que je tiens pour authentiques, mais parce que j'espère ainsi jeter un peu de lumière sur quelques-uns de ces phénomènes.

Il est à présumer que tous les phénomènes de l'Univers forment une chaîne sans solution de continuité ; et certains faits pris pour ainsi dire dans les entrailles mêmes de la nature nous seront vraisemblablement utiles pour découvrir peu à peu d'autres faits encore plus profondément enfouis.

Considérons donc les vibrations dont nous suivons la trace, non seulement dans les corps solides, mais encore dans l'air et d'une manière plus remarquable encore, dans l'éther.

Ces vibrations diffèrent en vélocité et en fréquence. Nous avons de solides preuves de l'existence de mouvements vibratoires variant d'une vibration par seconde à deux quatrillions. Ces mouvements sont utilisés pour transporter aux organismes vivants les impressions venues du dehors, cela est facile à reconnaître.

Comme point de départ je prendrai un pendule battant les secondes. Si je vais en doublant j'obtiendrai une série de degrés comme suit :

Point de départ	Pendule à secondes	Vibrations par seconde
Degré 1.......................................2		—
— 2...................................4		—
— 3...................................8		—
— 4..................................16		—
— 5..................................32		—
— 6..................................64		—
— 7.................................128		—
— 8.................................256		—
— 9.................................512		—
— 10 ....1.024		—
— 15..............................32.768		—
— 20...........................1.048.576		—
— 25.........................33.554.432		—
— 30.......................1.073 741.825		—
— 35......................34.359.738.368		—
— 40....................1.099.511.627.776		—
— 45..................35.184.372.088.832		—
— 50................1.125.899.906.842.624		—
— 55..............36.028.707.018.963.968		—
— 56............72.057.594.037.727.936		—
— 57..........144.115.188.075.855.872		—
— 58........288.220.376.151.711.744		—
— 59......576.440.752.303.423.488		—
— 60....1.152 881.504.606.846.976		—
— 61....2.305.763.009.213.693 952		—
— 62....4.611.526.018.427.387.904		—
— 63....9.223.052.036.854.775.808		—

Au cinquième degré à partir de l'unité, à 32 vibrations par seconde, nous atteignons la région où les vibrations atmosphériques se révèlent à nous sous forme de son. Nous avons ici la note musicale la plus basse. Pendant les 10 degrés qui suivent, les vibrations par seconde s'élèvent de 32 à 32.768 et la région des sons finit là pour la moyenne des oreilles humaines. Mais des animaux mieux doués entendent probablement des sons trop aigus pour nos organes, c'est-à-dire des sons formés par un plus grand nombre de vibrations.

Nous entrons ensuite dans une région où les vibrations s'élèvent rapidement et où le milieu qui vibre n'est plus la grossière atmosphère, mais un milieu bien moins dense, un « air plus divin », appelé éther. Du seizième au trente-cinquième degré les vibrations s'élèvent de 32.768 à 34.359.738.368 par seconde et ces vibrations apparaissent à nos moyens d'observation sous la forme de rayons électriques.

Nous atteignons ensuite une région s'étendant du 35ᵉ au 45ᵉ degré, allant de 34.359.738.368 à 35.184.372.088.832 vibrations par seconde. Cette région peut être regardée comme inconnue, parce que nous ignorons encore quelles sont les fonctions de ces vibrations, quoiqu'il soit bien évident qu'elles en ont.

Nous approchons maintenant de la région de la lumière qui va du 45ᵉ au 50ᵉ ou au 51ᵉ degré; le nombre des vibrations varie de 35.184.372.088.832 (rayons de la chaleur) à 1.875.000.000.000.000 par seconde; ces derniers sont les rayons du spectre les plus hauts qu'on ait observés. La véritable sensation de lumière et par conséquent les vibrations qui rendent les objets visibles sont comprises dans les étroites limites d'environ 450.000.000.000.000 (rayons rouges) à 750.000.000.000.000 (rayons violets) vibrations par seconde — moins d'un degré.

Abandonnant la région de la lumière visible, nous arrivons à ce qui est, pour nos sens et nos moyens d'investigation, une autre région inconnue, mais dont nous commençons à entrevoir les fonctions. Il n'est pas invraisemblable que les rayons X du professeur Rœntgen se trouveront

2.

entre le 58° et le 61° degré, avec des vibrations allant de 288.220.576.151.711.744 à
2.305.763.009.213.693.952 par seconde ou même
plus haut.

Dans cette série on remarquera de larges brè-
ches, de vastes régions inconnues, comprenant
des vibrations dont le rôle dans l'économie de la
création est entièrement ignoré de nous. Existe-
t-il, au-dessus des classes que je viens de mention-
ner, des vibrations encore plus fréquentes à la
seconde,c'est ce que je n'essaierai pas de décider.

Mais est-il prématuré de se demander quelle
connexité il peut y avoir entre les vibrations et
la pensée ou la transmission de celle-ci ? On serait
presque en droit de prétendre qu'au fur et à
mesure qu'elles augmentent de fréquence les
vibrations répondent à des fonctions de plus en
plus importantes. La haute fréquence des vibrations rend aux rayons beaucoup des qualités
requises par la conception d' « ondes parties du
cerveau » : nul ne le nie. Ainsi les rayons qui
sont vers le 62° degré sont si menus qu'ils cessent
d'être réfractés, réfléchis ou polarisés ; ils traversent beaucoup des prétendus corps opaques et
les recherches commencent à montrer que les
plus rapides d'entre eux sont justement ceux qui
passent le plus facilement à travers les matières
denses. Il ne faudrait pas au savant beaucoup
d'imagination pour concevoir qu'au 62° ou au 63°
degré les obstacles, contre lesquels les rayons du
61° degré ont à lutter pour se frayer un passage,
n'existent plus pour des rayons atteignant la fréquence énorme de 9.223.052.036.854.775.808 vibrations par seconde, que ces rayons traversent le
milieu le plus dense sans subir une diminution
d'intensité sensible, qu'ils poursuivent leur che-

min avec la vélocité de la lumière presque sans
être réfléchis ni réfractés.

Ordinairement nous nous communiquons nos
pensées par le langage. Je me trace d'abord dans
mon cerveau le tableau de la scène que je veux
décrire et ensuite, au moyen d'une transmission
méthodique à travers l'atmosphère d'ondes vibratoires parties de mes cordes vocales, je transporte
le même tableau dans le cerveau de quiconque a
une oreille capable d'enregistrer ces vibrations. Si
la scène que je veux communiquer au cerveau de
mon auditeur est compliquée, ou si elle est mal
définie dans mon propre cerveau, la transmission
sera plus ou moins imparfaite ; mais si je veux
simplement que mon auditoire se représente
quelque objet très simple, comme un triangle ou
un cercle, la transmission approchera de la perfection et les idées seront également claires pour
l'orateur et pour les auditeurs. Ici nous nous ser-
vons des vibrations des molécules atmosphériques
pour transporter la pensée d'un cerveau dans un
autre.

Avec les rayons de Rœntgen nouvellement décou-
verts nous sommes introduits dans un domaine de
vibrations extrêmement petites en comparaison
de celles que nous connaissions jusqu'aujourd'hui ;
leurs dimensions sont comparables aux distances
qui séparent entre eux les centres des atomes
dont notre Univers matériel est composé ; et rien
ne nous permet de supposer que nous ayons atteint
la limite extrême de la fréquence. Des ondes de
ce caractère ont perdu beaucoup des propriétés
des ondes lumineuses. Elles sont produites dans
le même milieu de l'éther et se propagent probablement avec la même vélocité que la lumière,
mais là se borne la ressemblance. Elles ne sont

pas régulièrement réfléchies par les surfaces polies ; elles ne sont pas réfractées en passant d'un milieu dans un autre plus dense et elles traversent une grande épaisseur de matières, opaques pour la lumière, avec la même facilité que la lumière traverse le verre. Il est démontré également que ces rayons générés dans le tube où on a fait le vide (1), ne sont pas homogènes et consistent en faisceaux de différentes longueurs d'onde, analogues à ce qui serait des différences de couleur, si nous pouvions les voir comme la lumière. Il en est qui passent facilement à travers la chair, d'autres qui sont en partie arrêtés par les os, d'autres qui traversent avec une égale facilité les os et la chair.

Pourquoi ces rayons ne pourraient-ils pas servir à transmettre la pensée ? Il me semble qu'avec quelques postulats très raisonnables ils pourraient donner la clef de beaucoup de phénomènes obscurs qu'on rencontre dans les recherches psychiques. Admettons que ces rayons ou des rayons dus à des vibrations de plus haute fréquence peuvent pénétrer dans le cerveau et agir sur quelque centre nerveux. Supposons en outre que le cerveau contienne un centre qui les génère comme les cordes vocales génèrent les vibrations sonores — ce centre étant comme les cordes vocales aux ordres de la pensée — et les projette au dehors avec la vélocité de la lumière pour aller impressionner le ganglion récepteur d'un autre cerveau; de cette manière quelques-uns tout au moins des phénomènes de la télépathie et de la transmission de la pensée entre sensitifs, indépendamment de

(1) Le tube appelé ordinairement en France le tube de Crookes.

la distance, rentrent dans le domaine des lois connues et peuvent être admis.

Le sensitif serait alors un homme qui aurait les ganglions de réception ou de transmission télépathique très développés ou qui par l'exercice serait devenu plus sensible aux ondes en question. L'expérience semble démontrer que les ganglions transmetteur et récepteur sont rarement au même degré de développement ; l'un peut être très actif alors que l'autre, comme la glande pinéale chez l'homme, est à l'état rudimentaire. Avec cette hypothèse nous ne violons aucune loi de la physique et il n'est pas davantage nécessaire d'invoquer ce qu'on appelle ordinairement le surnaturel.

A cette hypothèse on peut objecter que les ondes cérébrales, comme toutes les autres, doivent obéir aux lois physiques. C'est pourquoi la facilité et la certitude de la transmission de la pensée devrait diminuer au fur et à mesure que la distance entre l'agent et le percipient croit et il devrait arriver un moment où cette transmission n'a plus lieu. On peut aussi arguer que, si les ondes cérébrales se diffusent dans toutes les directions, elles devraient impressionner tous les sensitifs qui sont dans leur rayon d'action, au lieu de n'en impressionner qu'un. Qu'on ne cherche pas une analogie dans le télégraphe électrique, car ici il y a un fil métallique qui conduit l'énergie à destination.

Ce sont là des objections sérieuses, mais je ne les crois pas insurmontables. Loin de moi l'idée de parler irrespectueusement de la loi du carré des distances, mais je me suis déjà efforcé de montrer que nous avons affaire ici à des conditions qui s'éloignent de nos conceptions étroites et grossières d'espace, de matière et de forme. Il n'est pas inconcevable qu'une pensée intense en se portant

vers un sensitif, avec lequel celui qui pense est
dans un état de sympathie étroite, puisse déterminer une chaîne télépathique d'ondes cérébrales, le long de laquelle le message irait droit à son
but, sans perte d'énergie par l'effet de la distance.
Il n'est pas davantage inconcevable que nos idées
terrestres d'espace et de distance n'aient plus de
raison d'être dans les régions subtiles de la pensée
immatérielle, où le « loin » et le « près » ont
perdu leur signification.

Je répète que ce sont là des conceptions tout à
fait provisoires. Je les hasarde en attendant
mieux. Peut-être un temps viendra-t-il où nous
pourrons les soumettre à la pierre de touche de
l'expérimentation.

J'ai une autre réflexion à faire concernant la
conservation de l'énergie. Nous disons avec raison
que l'énergie se tranforme, mais ne se perd pas ;
que toutes les fois que nous en pouvons suivre les
transformations, nous constatons qu'il n'y a eu ni
diminution, ni augmentation. Autant que nos calculs grossiers nous permettent d'en juger, cela
est vrai pour la matière inorganique et pour les
forces mécaniques. Mais ce n'est plus qu'une
vérité d'induction quand il s'agit de la matière
organisée et des forces vitales. Nous ne pouvons
pas exprimer la vie avec les termes qui servent
pour la chaleur ou le mouvement. Donc juste au
moment où il serait le plus intéressant de suivre
avec précision la transformation de l'énergie, il
arrive que nous ne pouvons plus être sûrs qu'une
énergie nouvelle ne s'est pas introduite dans le
phénomène. Examinons cela d'un peu plus près.

Les physiciens ont toujours compris et le
Dr Croll spécialement a bien fait ressortir qu'il y a
une grande différence entre produire un mouve-

ment et lui donner une direction voulue. La production du mouvement, dans les masses comme dans les molécules, est gouvernée par des lois physiques, que le savant s'efforce de découvrir et de coordonner. La loi de la conservation de l'énergie domine toutes les autres ; c'est un article de foi scientifique que chaque acte réalisé entraîne la transformation d'une quantité d'énergie correspondante. Aucun travail ne peut se faire sans qu'une quantité correspondante d'énergie d'une autre nature ne soit utilisée en entier. Mais, pour nous, l'autre côté du problème est encore plus important. L'existence une fois admise d'un certain mouvement moléculaire, qu'est-ce qui détermine sa direction dans telle voie plutôt que dans telle autre ? Un poids tombe sur le sol d'une hauteur de trois pieds. Je le relève et le laisse retomber. Dans ces mouvements, une certaine somme d'énergie est dépensée quand je lève le poids et la même somme est mise en liberté quand il tombe. Mais au lieu de le laisser tomber librement, supposons que je l'engrène dans un système de rouages compliqués et qu'au lieu de lui permettre de tomber en une fraction de seconde, je distribue son mouvement de chute sur un espace de vingt-quatre heures. Je ne dépense pas plus d'énergie pour lever mon poids et, pendant sa chute lente, la même quantité d'énergie se dégage que pendant la chute libre ; néanmoins je lui fais faire un travail différent. Le voilà qui meut une horloge, un téléscope, ou quelque autre instrument de laboratoire ; le voilà qui fait ce que nous appelons du travail utile. L'horloge s'arrête. Je relève le poids en dépensant la somme voulue d'énergie et dans cet acte la loi de la conservation de l'énergie est scrupuleusement respectée. Mais maintenant j'ai

le choix entre laisser mon poids tomber librement
en une fraction de seconde, ou l'obliger à tomber
en vingt-quatre heures au moyen de rouages. Je
suis libre et, quelle que soit ma décision, la même
quantité d'énergie se dégagera par la chute du
poids. J'enflamme une allumette ; je puis m'en
servir pour allumer une cigarette ou pour mettre
le feu à une maison. J'envoie une dépêche ; elle
peut suivant le cas annoncer simplement que j'ar-
riverai en retard à dîner ou elle peut déterminer
en Bourse des fluctuations qui ruineront des mil-
liers d'hommes. La force dépensée pour enflammer l'allumette ou pour écrire la dépêche est
gouvernée par la loi de la conservation de l'énergie : mais le côté de beaucoup le plus important,
le motif qui fixe les paroles dont je me sers ou
la matière à laquelle je mets le feu, ce côté
échappe à cette loi. La direction que l'on donne à
la force n'exige probablement aucune dépense sup-
plémentaire d'énergie. La pensée et le libre arbi-
tre entrent ici en jeu et ces forces mystérieuses
sont en dehors de la loi de la conservation de l'é-
nergie, telle que les physiciens l'entendent.

L'Univers entier, tel que nous le percevons, est
le résultat du mouvement moléculaire. Les mouvements moléculaires se conforment strictement
à la loi de la conservation de l'énergie, mais ce
que nous appelons « loi » est simplement une
expression de la direction suivant laquelle agit
une forme de l'énergie, ce n'est pas cette forme
de l'énergie elle-même. Nous pouvons expliquer
les mouvements moléculaires comme ceux des
masses, nous pouvons découvrir toutes les lois
physiques du mouvement, nous n'en serons pas
moins aussi éloignés que jamais de la solution du
problème de beaucoup le plus important : quelle

sorte de volonté et de pensée peut bien se trouver derrière les mouvements des molécules, forçant celles-ci à suivre un sentier tracé d'avance? Quelle est la cause déterminante qui agit dans la coulisse? Quelle combinaison de volonté et de pensée guide, en dehors de nos lois physiques, l'agitation purement mécanique des atomes de manière à leur faire former ce monde matériel où nous vivons?

Dans ces dernières phrases c'est avec intention que je me suis servi de mots à signification large, que j'ai parlé de direction le long de sentiers tracés. Etre vague en pareil sujet, c'est être sage, car nous ne pouvons absolument pas dire si en telle circonstance un pouvoir extérieur ne peut pas produire un changement dans le système actuel des forces terrestres. Nous ne pouvons pas plus en être sûrs que, voyageant dans un train-express, je puis être sûr qu'aucun aiguilleur n'a appuyé sur une poignée pour diriger le train sur telle ou telle voie. Je puis calculer exactement la quantité de charbon brûlée par kilomètre, de manière à pouvoir dire à chaque minute combien de kilomètres nous avons couverts, mais à moins que je ne puisse voir sans interruption les aiguilles de la voie, je ne puis pas dire si elles ont été manœuvrées ou non, avant le passage du train.

Un être tout puissant pourrait régler le cours de cet Univers sans qu'aucun de nous pût jamais en découvrir les ressorts cachés. Il n'aurait pas besoin pour cela d'arrêter le soleil au-dessus de Gibéon. Il pourrait faire tout ce qu'il voudrait par une dépense infinitésimale de force produisant des modifications ultramicroscopiques sur le germe humain.

Je n'ai pas essayé, dans ce discours, d'ajouter la moindre parcelle aux connaissances, précises je crois, amassées petit à petit par notre Société.

Je serai content si j'ai réussi à écarter quelques-unes des pierres d'achoppement scientifiques, si je puis m'exprimer ainsi, qui tendent à empêcher des collaborateurs éventuels de s'aventurer sur cette route nouvelle et illimitée.

Je ne vois pas de raison pour qu'un homme de science ferme les yeux sur nos travaux et s'en écarte délibérément. Naturellement nos Annales ne sont pas l'exact parallèle des Annales d'une société s'occupant d'une science depuis longtemps assise. Il faut un début à toute recherche. Il y a chez nous beaucoup de provisoire, voire beaucoup d'erroné. Mais c'est ainsi, et ainsi seulement, que chaque science à son tour prend pied.

J'ose affirmer qu'autant pour l'enregistrement soigneux de faits nouveaux et importants que pour l'intérêt qu'offrent ces faits, les travaux et les publications de notre Société formeront la préface inestimable d'une science plus profonde qu'aucune de celles que cette planète a déjà vues éclore, autant par la connaissance de l'homme que par celle de la nature et d'autres mondes dont nous n'avons encore aucune idée.

Fragment du discours prononcé en 1898 à Bristol au Congrès de l'Association Britannique pour l'avancement des sciences, par Sir William Crookes, président (1).

Aucun incident de ma carrière scientifique n'est plus universellement connu que la part que je pris, voilà déjà bien des années, à certaines recherches psychiques. Trente ans se sont écou-

(1) Le reste de ce très long discours traite des sciences autres que le psychisme et ne nous intéresse pas directement.

lés depuis que j'ai publié des comptes rendus (1)
d'expériences, tendant à démontrer qu'il existe
une forme utilisée par des Intelligences autres
que les ordinaires Intelligences humaines. Cet
épisode de ma vie est naturellement bien connu
de ceux qui m'ont fait l'honneur de m'inviter à
devenir votre président.

Il y a peut-être dans mon auditoire quelques
personnes qui se demandent curieusement si j'en
parlerai ou si je garderai le silence. J'en parlerai,
quoique brièvement. Je n'ai pas le droit d'insister
ici sur une matière encore sujette à controverse,
sur une matière qui, comme Wallace, Lodge,
Barrett l'ont déjà montré, n'attire pas encore
l'intérêt de la majorité des savants, mes collègues,
bien qu'elle ne soit nullement indigne des discus-
sions de congrès comme celui-ci. Passer ce sujet
sous silence, ce serait un acte de lâcheté que je
n'éprouve aucune tentation de commettre.

S'arrêter court dans une recherche qui promet
de reculer les bornes de nos connaissances, hési-
ter par crainte des difficultés ou des critiques
hostiles, ce serait attirer des reproches à la
science. Le chercheur n'a pas autre chose à faire
qu'à marcher droit devant lui, « à explorer dans
tous les sens, pouce par pouce, avec sa raison
pour flambeau », à suivre la lumière partout où
elle pourra le conduire, quand même cette lumière ressemblerait par moments à un feu follet.

Je n'ai rien à rétracter. Je m'en tiens à mes
déclarations déjà publiées. Je pourrais même y
ajouter beaucoup. Dans ces premiers exposés je

(1) Ces comptes rendus ont été réunis en un volume
et traduits en français par J. Alidel, sous le titre général de *Force psychique*. P. G. Leymarie, éditeur,
42, rue St-Jacques.

ne regrette qu'une certaine crudité qui, à bon droit sans doute, fut une des causes pour lesquelles le monde scientifique refusa de les accepter. Tout ce que je savais à cette époque se bornait à la certitude que certains phénomènes nouveaux pour la science avaient bien eu lieu, constatés par mes sens dans tout leur calme et, mieux encore, enregistrés automatiquement par des instruments. Je ressemblais alors à un être à deux dimensions qui serait arrivé au point singulier d'une surface de Riemann et se trouverait, d'une manière inexplicable, très légèrement en contact avec un plan d'existence autre que le sien.

Aujourd'hui je crois que je vois un peu plus loin. J'entrevois une certaine cohérence dans ces étranges et décevants phénomènes ; j'entrevois une certaine connexité entre ces forces inconnues et les lois déjà connues. Ce progrès est dû pour la plus grande partie à une autre association dont, cette année, j'ai l'honneur d'être aussi le président : la Société pour les Recherches psychiques. Si je présentais aujourd'hui pour la première fois ces recherches au monde scientifique, je choisirais un point de départ différent de celui que j'ai choisi jadis. Il serait bon de commencer par la *télépathie*, en posant, ce que je crois être une loi fondamentale, que les pensées et les images peuvent être transportées d'un esprit dans un autre sans le secours des organes des sens, que des connaissances peuvent pénétrer dans l'esprit humain sans passer par aucun des chemins jusqu'aujourd'hui connus.

Bien que cette recherche nouvelle ait fait jaillir des faits importants en ce qui concerne l'esprit humain, elle n'a pas encore atteint le point de certitude scientifique qui lui permettrait d'être examinée utilement par l'un de nos comités. Partant je me bornerai à signaler la direction dans laquelle l'investigation scientifique peut légitimement s'engager. Si la télépathie existe, nous sommes en présence de deux faits physiques : un changement physique produit dans le cerveau de A, le sujet suggestionneur, et un changement physique analogue produit dans le cerveau de B, le sujet récepteur de la suggestion. Entre ces deux faits physiques, il doit exister toute une chaîne de causes physiques. Quand on commencera à connaître cette série de causes intermédiaires, alors cette investigation rentrera dans le domaine de l'une des sections de l'Association britannique. Cette série de causes réclame la présence d'un milieu. Tous les phénomènes de l'Univers sont, on peut le présumer, en quelque sorte continus, et il est antiscientifique d'appeler à son aide des agents mystérieux, alors que chaque nouveau progrès de la science nous démontre que les vibrations de l'éther ont des pouvoirs et des qualités amplement suffisants pour rendre compte de tout, même de la transmission de pensée. Quelques physiologistes supposent que les cellules essentielles des nerfs ne sont pas véritablement en contact, mais qu'elles sont séparées par un étroit intervalle qui s'élargit pendant le sommeil et disparait presque pendant l'activité mentale de la veille. Cette condition est si singulièrement semblable à celle d'un *cohéreur* de Branly ou de Lodge qu'elle suggère une autre analogie.

La structure du cerveau et celle des nerfs étant pareille, on conçoit qu'il puisse y avoir dans le cerveau des masses de semblables cohéreurs nerveux dont la fonction spéciale peut être de recevoir les impulsions apportées du dehors par une

3.

série d'ondes de l'éther d'un ordre de grandeur
appropriée. Rœntgen nous a familiarisés avec un
ordre de vibrations d'une petitesse extrême à
l'égard même des ondes les plus ténues dont nous
avions précédemment connaissance et de dimensions comparables aux distances entre les centres
des atomes dont notre Univers matériel est composé ; et il n'y a pas de raison pour supposer que
nous ayons atteint les extrêmes limites de la fréquence. On sait que l'action de la pensée est accom-
pagnée de certains mouvements moléculaires dans
le cerveau et ici nous avons des vibrations physiques capables, par leur extrême petitesse, d'agir
directement sur chaque molécule, puisque leur
rapidité approche de celle des mouvements inter-
nes et externes des atomes eux-mêmes.

Les phénomènes télépathiques sont confirmés
par beaucoup d'expériences convergentes et par
de nombreux faits spontanés qu'on ne peut pas
expliquer autrement. Les preuves les plus variées
sont peut-être tirées de l'analyse de l'activité
subconsciente de l'esprit, quand cette activité,
accidentellement ou intentionnellement, est ame-
née dans le champ d'observation de la conscience
normale. Dès sa fondation, la Société pour les
Recherches psychiques, dans ses Annales, a pré-
senté des preuves de l'existence d'une région
s'étendant en dessous du seuil de la conscience
normale ; toutes ces preuves ont été pesées et
réunies en un tout harmonieux par le génie opiniâ-
tre de F.-W. Myers.

En même temps, notre connaissance des faits
de cette obscure région s'augmentait beaucoup,
grâce aux travailleurs des autres pays. Pour ne
citer que quelques noms parmi un grand nombre,
les travaux de Richet, de Pierre Janet en France,

de Breuer et de Freud en Autriche, de William James en Amérique, ont montré d'une manière frappante à quel point une patiente expérimentation pouvait approfondir les opérations subconscientes et nous faire comprendre les personnalités secondes et les états anormaux. Il est clair que notre connaissance de l'activité subconsciente de l'esprit a besoin de s'étendre ; c'est pourquoi nous devons nous garder d'affirmer témérairement que tout ce qui dévie de la condition normale à l'état de veille est nécessairement morbide. La race humaine n'a pas atteint un idéal fixe et immobile. Dans toutes les directions il y a évolution aussi bien que désagrégation. Il serait difficile de trouver des exemples de progrès moraux ou physiques plus rapides que dans certaines cures importantes par suggestion opérées — pour ne donner cette fois encore que quelques noms — par Liébeault, Bernheim, le regretté Auguste Voisin, en France ; Schrenk-Notzing, en Allemagne ; Forel, en Suisse ; Van Eeden, en Hollande ; Wetterstand, en Suède ; Milne-Bramwell et Lloyd Tuckey, en Angleterre. Je ne puis entrer dans les détails ici, mais la force thérapeutique ainsi évoquée pour ainsi dire des profondeurs de l'organisme est d'un bon augure pour l'évolution future de l'humanité.

Il nous faudra passer au crible de la science une masse énorme de phénomènes avant que nous puissions comprendre en effet une faculté aussi étrange, aussi déconcertante, demeurée pendant des âges aussi impénétrable que l'action directe d'un esprit sur un autre esprit. Cette tâche délicate exige l'emploi rigoureux de la méthode d'exclusion — une mise de côté constante de phénomènes étrangers qu'on peut expliquer par les

causes connues, y compris ces causes beaucoup
trop familières, les fraudes conscientes et incons-
cientes. Les recherches et les expérimentations
dans les choses de l'esprit réunissent toutes les
difficultés possibles, provenant de la complexité
des tempéraments humains et des observations
qu'il faut demander au témoignage des individus
et qu'on ne peut guère enregistrer automatiquement. Mais les difficultés, on peut les surmonter
même dans cette branche si souvent décevante
de la Recherche qu'est la psychologie expérimentale. Les chefs du groupe de chercheurs, qu'est
la Société pour les Recherches psychiques, se sont
toujours efforcés de combiner un travail de criti-
que et de déblaiement avec un travail devant conduire à des découvertes positives. A la pénétra-
tion d'esprit et à la scrupuleuse rectitude de
jugement du professeur Henry Sidgwick et du
regretté Edmond Gurney est due en grande partie la fixation des desiderata auxquels doivent
satisfaire les preuves dans les Recherches psychiques ; ces règles épargneront du travail aux
chercheurs à venir en rétrécissant leur champ
d'investigation. Au génie profond et fureteur du
Dr Richard Hodgson nous devons une démonstra-
tion convaincante des limites étroites où l'observation humaine peut s'exercer sans interruption.

On a dit : « Rien de ce qui vaudrait la peine
d'être prouvé ne peut être ni prouvé ni réfuté. »
Cette pensée pouvait être vraie autrefois, elle ne
l'est plus. La science de notre siècle a forgé des
outils d'observation et d'analyse avec lesquels
l'apprenti lui-même peut faire un travail utile. La
science a donné à la moyenne des esprits une édu-
cation dans la précision, des habitudes d'exacti-
tude ; par là elle s'est acquis des forces pour des

tâches plus hautes, plus vastes, incomparablement plus surprenantes que tout ce qu'avaient imaginé les plus sages parmi nos ancêtres. Comme les âmes dans le mythe de Platon qui suivent le char de Jupiter, la science voit aujourd'hui les choses d'un point situé bien au-dessus de la Terre. Dorénavant elle pourra dépasser tout ce que nous croyons savoir à propos de la matière et découvrir quelques-unes des lois plus profondes qui gouvernent le Cosmos.

Un homme éminent, l'un de ceux qui m'ont précédé dans ce fauteuil présidentiel a déclaré : « Par nécessité intellectuelle, je franchis les limites des preuves expérimentales et je distingue dans cette Matière que, dans notre ignorance de ses pouvoirs latents et malgré le prétendu respect que nous avons pour son Créateur, nous avons jusqu'aujourd'hui couverte d'opprobre, la puissance de créer toute la vie terrestre et la probabilité qu'elle l'a fait ». J'aimerais mieux renverser l'apophtegme et dire : « Dans la Vie je vois la puissance de créer toutes les formes de la Matière et la probabilité qu'elle l'a fait. »

Aux vieux temps égyptiens une inscription bien connue était gravée au-dessus du portail du temple d'Isis : « Je suis tout ce qui a été, est, ou sera ; et nul homme n'a encore soulevé mon voile. » Ce n'est pas ainsi qu'aux chercheurs modernes de la vérité apparaît la Nature — mot par lequel nous désignons l'ensemble des mystères déroutants de l'Univers. Fermement, sans fléchir, nous nous efforçons de pénétrer au cœur même de cette nature, de savoir ce qu'elle a été et de prévoir ce qu'elle sera. Nous avons déjà soulevé bien des voiles et avec chaque nouveau voile qui tombe, sa face nous apparaît plus belle, plus auguste, plus merveilleuse.

BIBLIOGRAPHIE

Le psychisme est une science nouvelle appelée aux plus hautes destinées, qui a été fort négligée en France jusqu'aujourd'hui. Je ne dirai pas que des travaux très importants n'ont pas été faits chez nous sur cette matière ; mais le public les ignore à peu près ou il confond tout, dédaigneusement, sous la rubrique de spiritisme. Or il se trompe. Je ne veux pas dire du mal du spiritisme : c'est une religion prétendant comme toutes les autres offrir la solution complète de l'énigme de l'Univers ; comme religion il peut avoir une haute valeur légitimant l'enthousiasme de ses adeptes, mais ce n'est pas une science positive comme le psychisme.

Le psychisme peut être défini : *l'étude rigoureusement scientifique de tous les faits tendant à démontrer que l'âme est distincte du corps et lui survit.* Il ne va pas au-delà et c'est déjà une assez belle tâche.

Le psychisme se distingue nettement de la psychologie, même expérimentale, comme cette définition l'indique sans qu'il soit besoin d'insister.

A l'étranger, en Angleterre, en Allemagne, aux Etats-Unis, le psychisme a déjà pris un développement considérable. Des Sociétés importantes, composées d'hommes éminents et rompus aux besognes scientifiques, se sont fondées pour les études psychiques ; elles ont entrevu des horizons si vastes et si beaux que Crookes a pu dire que cette nouvelle science arriverait plus tôt qu'on ne le pense à dominer le champ entier de la pensée humaine. En France nous sommes en retard.

Un écrivain de grand talent et un penseur de premier ordre, M. M. Sage, a pensé qu'il y allait de l'honneur de notre pays de rattraper le temps perdu. Serions-nous donc, comme nos adversaires le prétendent, si déplorablement superficiels que les sujets vraiment profonds ne sauraient nous intéresser ? Non ; si nous sommes en retard, les circonstances seules en sont cause. N'oublions jamais que la France est la terre classique d'une science connexe qui n'a pas encore dit son dernier mot: l'hypnotisme.

Pour qu'une science se développe, il faut qu'elle ait un public qui la soutienne ; les découvertes ont lieu quand un public nombreux les entrevoit et les demande, les exige presque. Alors les chercheurs, sûrs d'être compris et récompensés, concentrent leurs efforts vers un but et la découverte se fait.

C'est pénétré de cette idée que M. M. Sage a résolu d'essayer de créer en France un public pour les études psychiques, en présentant aux lecteurs sous une forme claire et attrayante les travaux sérieux et importants faits sur ces questions un peu partout. Deux ouvrages sont déjà sortis de sa plume, dont le premier, paru au commencement de 1902, a fait sensation ; le second qui sort à peine des presses paraît encore bien plus remarquable à ceux qui l'ont déjà lu. Je vais dire un mot de chacun d'eux.

Paru en 1902 : Mme Piper et la Société anglo-américaine pour les recherches psychiques, par M. Sage ; préface de Camille Flammarion, chez P. G. Leymarie, éditeur, 42, rue Saint-Jacques, Paris ; prix 3 fr. 50.

Je ne crois pas avoir besoin de dire ce qu'est la Société pour les Recherches psychiques. Elle est bien connue dans le monde anglo-saxon et on commence à bien la connaître ailleurs aussi. Une Société qui compte dans ses rangs un grand nombre des hommes les plus éminents de la science universelle, des hommes comme les Crookes, les William James, les Hartmann, les Pierre Janet, les Liébeault, les Richet, les Lombroso, etc., etc., ne pouvait manquer de s'imposer, malgré les préventions de la première heure. Quant à Mme Piper, elle est ce que les spirites appellent un *médium* et les psychologues un *automatiste* ou un *sensitif*. On reproche aux spirites, non sans raison, leur étude vraiment par trop superficielle et par trop rapide des médiums qu'ils présentent, étude, du reste, viciée d'avance chez eux par des idées préconçues. On ne pourra pas faire le même reproche à la Société pour les Recherches psychiques. Elle a abordé l'étude du cas de Mme Piper sans aucune idée préconçue et cette étude, qui a déjà duré plus de quinze ans, n'a pas encore pris fin, et ne prendra pas fin de sitôt. Ce sont ces expériences patientes et calmes, avec leurs résultats, que M. Sage nous expose dans le livre dont j'ai donné le titre ci-dessus.

Pour donner une idée de la valeur littéraire de l'ouvrage et de l'attrait qu'il offre pour le lecteur, je citerai un passage d'un long article que lui a consacré M. César de Vesme, un littérateur des plus distingués et des plus connus en Italie et en France :

« M. M. Sage, par cet ouvrage, vient d'emblée prendre place parmi nos meilleurs écrivains de sciences psychiques... Tous ceux qui s'intéressent à ce qui mérite de nous intéresser, ceux-là mêmes qui ne sont mûs que par un sentiment de curiosité, trouveront dans le livre de M. M. Sage un ouvrage de la plus haute importance philosophique, dont pourtant la lecture a tout l'attrait d'un roman des plus fantastiques et des plus émouvants. »

Vient de paraître.— La Zone-frontière entre l'« Autre Monde » et celui-ci par M.Sage, chez P. G. Leymarie, éditeur, 42, rue Saint-Jacques, Paris ; prix 3 fr. 50.

Ce deuxième ouvrage est plus important que le premier. Il est écrit dans ce même style lumineux qui fait de tout ce qui sort de la plume de notre auteur un vrai régal intellectuel. Cette fois-ci M. M. Sage a pris pour base les méditations et les travaux du grand savant et philosophe allemand Carl du Prel. Mais il y a beaucoup ajouté.

Quelques extraits de la conclusion nous indiqueront nettement le but poursuivi par l'auteur :

« J'ai essayé, dans cet ouvrage, de dégager trois conceptions, qui, à mes yeux, dominent la plupart des phénomènes de la zone-frontière observés jusqu'ici.

« En premier lieu, l'existence de l'od, ou, pour être plus exact, de l'état odique. Cet état odique est un état de la matière, intermédiaire entre les états solide, liquide et gazeux familiers à nos sens, et les états, inconnus de nous, de la matière dans le monde qui suit le nôtre....... Toutes les maladies nerveuses sont accompagnées de troubles odiques et c'est en agissant directement sur l'od qu'on peut espérer les vaincre.

« En deuxième lieu, j'ai essayé de montrer l'importance des monoïdéismes (1). C'est l'étude des monoïdéismes qui nous donnera une idée des puissances infinies latentes dans l'âme. La volonté, l'attention, la suggestion sont des monoïdéismes.

« Enfin, en troisième lieu, j'ai essayé de démon-

(1) Idées accaparant tout le champ de la conscience.

trer qu'une âme peut percevoir directement la
pensée. C'est dans cette faculté qu'il faut chercher
l'explication de la plupart des phénomènes du rêve
et celle des hallucinations.

. . . .

« Le psychisme est un nouveau continent qu'on
devine immense, mais sur lequel on vient à peine
d'atterrir. Parmi les premiers pionniers, les uns
enthousiasmés par la beauté du ciel, par l'étrangeté
et l'exubérance de la végétation, se sont peut-être
laissé entraîner trop loin dans leurs conjectures ;
les autres, devant cette nature vierge et mystérieuse,
ont été pris d'effroi : ils demeurent immobiles sur
le rivage de la nouvelle terre, cherchant du regard
dans l'horizon leur ancienne et mesquine patrie. Il
faut que cela cesse : le temps de la découverte est
passé ; celui de l'exploration et de la colonisation est
arrivé. Il faut que des armées de colons quittent
leurs îles natales, où ils s'écrasent, et viennent par
le travail humaniser la terre nouvelle. Pour ma part
je les appelle de tous mes vœux, ces explorateurs
et ces colons : je voudrais tant en savoir plus long
sur cette terre mystérieuse ; mais je veux avoir des
détails précis, je ne puis me contenter des affirma-
tions des marins qui n'ont fait que longer ses riva-
ges et qui ne l'ont contemplée que du pont de
leurs navires. »

Et tout est dit dans le même langage clair et riant.
M. Sage se conforme toujours au principe de Vol-
taire : Il faut savoir tout dire dans le langage de
tout le monde.

P. L.

EXTRAIT DU CATALOGUE

Imprimerie LEYMANIE, 42, rue Saint-Jacques, Paris.

www.ingramcontent.com/pod-product-compliance
Lightning Source LLC
LaVergne TN
LVHW022136080426
835511LV00007B/1150